tredition®

AF186477

Josef Ising

Von **A**uslese
bis **Z**eitsprung

gedacht - gefragt - verdichtet

© 2020 Josef Ising

Verlag & Druck: tredition GmbH, Halenreie 40-44, 22359 Hamburg

978-3-347-09437-6 (Paperback)

Bibliografische Information der Deutschen Nationalbibliothek:
Die Deutsche Nationalbibliothek verzeichnet diese Publikation in der Deutschen Nationalbibliografie; detaillierte bibliografische Daten sind im Internet über http://dnb.dnb.de abrufbar.

„Denken ist die Arbeit des Intellekts,
Träumen sein Vergnügen".

Victor Hugo

*****

„ Die Empfindungen sind die Vokale, die
Gedanken die Konsonanten
der Sprache des Innern".

Grillparzer

*****

„Gefühle sind Sprungbretter im
Hindernislaufen des Denkens".

Lohberger

für

Irmgard

erledigung

globale
viruszeiten
bringen
viel
selbstverständliches
zum
erliegen
entmächtigen
freiheit
und
machtgebaren
entziehen
mit
unabwendbarer
selbstverständlichkeit
die
verfügbarkeit
über
lebensspielräume
auch
über
die
entscheidung
wer
persönlich
vielleicht
unter
erledigtes
eingereiht
wird

blickpunkt

dutzende
bombenopfer
darunter
auch
neun
kinder
betont
der
nachrichtensprecher
die
anzahl
der
getöteten
erwachsenen
männer
und
frauen
bleibt
unerwähnt
zumindest
als
opfer
scheinen
kinder
verstärkt
in
den
blick
zu
geraten

handreichung

nach
diesem
nur
passiv
erduldeten
lebensbeginn
ist
vielleicht
am
lebensende
wenigstens
gelegenheit
dem
tod
aktiv
versöhnt
und
sogar
dankbar
die
hand
reichen
zu
können

schubladenwelt

holzwürmer
fehlen
in
lebenskommoden
der
bewertungen
vorurteile
standpunkte
weltanschauungen
parteien
die
in
denkschubladen
säuberlich
sortieren
fromme
gottlose
radikale
weichlinge
idealisten
mitläufer
und
kein
bohrloch
sorgt
für
durchlüftung
solch
abgeschlossener
denktresore

qual

die
qual
auswählen
zu
müssen
kann
manchmal
die
freude
über
die
fülle
der
möglichkeiten
die
leider
nicht
immer
gleichzeitig
lebbar
sind
überlagern

auslese

gegenüber
plötzlich
aug in auge
das virus
du
selbst
entkleidet
aller
schützenden
rüstungen
zurückversetzt
in
evolutive
anfänge
darwins
erkenntnissen
über
auslese
und
anpassung
völlig
ergebnisoffen
ausgeliefert

präsentation

selbstbewusst
nicht
ohne
wucht
präsentiert
ein
pfau
radschlagend
seine
pracht
zieht
blicke
auf
sich
zugleich
aber
weist
er
so
auf
die
wohltuend
schlichte
zurückhaltende
schönheit
seiner
parkumgebung
hin

seilgang

erst
die
tiefe
des
abgrundes
darunter
macht
den
gang
über
das
seil
das
davon
gänzlich
unberührt
bleibt
zum
wagnis

naturgenuss

aufmerksam
wahrnehmen
im bach
lauernde forellen
die
wasserspiegelungen
den
lufttanz
der insekten
stilles strömen
mit den augen
begleiten
die haut
dem wind
anbieten
frische luft
dem atem
gönnen
und
diesen
naturgenuss
auf
den sinnen
zergehen
lassen

sprachgefäß

anstrengend
sind
wortsuche
für
gedankenwelten
die
jenseits
des
horizonts
von
verfügbarkeit
und
zugriff
manchmal
sinnduftend
aufblühen
können
unverfügbar
und
doch
einsehbar
wenn
sich
ein
passendes
sprachgefäß
dafür
findet

diskrepanz

der
interessanten
heimatreportage
aufmerksam
folgen
im
wohnlichen
zuhause
und
auf
einmal
eine
unvermutet
auftretende
heimatlosigkeit
empfinden

abtrift

auch
in
wohltemperierten
gewässern
langer
vertrautheit
kann
man
durch
kühlere stömungen
abgetrieben
werden
zu
entfremdenden
untiefen
sich
in konfliktwirbeln
aus den augen
verlieren
und
allmählich
abtriften

bauerei

baustelle
und
verkehrsstau
eine
verbreitete
zwangsverbindung
auch
abseits
von
verkehrswegen
baustellenwelten
abbau
umbau
neubau
rückbau
ausbau
eine
nicht
enden
wollende
bauerei
als
lebensrhythmus
im
hektischen
hamsterrad
des
vorübergehens

weltnabler

diese
aufdringlich
sich selbst
einladenden
die
selbstverständlich
auftauchen
ohne gespühr
für
mögliche
unerwünschtheit
den
nabel der welt
nie
außerhalb
ihrer selbst
vermutend
und
so
jede begegnung
zur vorladung
bei
ihrem
ego
umgestalten
sind
meistens
zeitgenossen
am
unteren ende
der
beliebtheitsskala

gebrauchsspuren

die
mittelalterlichen
frescen
zeigen
erlöste
noch
gut
erkennbar
trotz
zahlreicher
farbausbleichungen
und
deutlicher
gebrauchsspuren
vielleicht
gibt
es
ja
auch
gar
keine
erlösung
ohne
solche
spuren

fehlerengel

ein
schöpferischer
druckfehlerteufel
erst
führte
überraschend
zu
einer
neuen
bildkreation
um
anschließend
so
überraschend
verwandelt
wie
engelhaft
weiterzufliegen
als
unvermutetes
geschenk

programmänderung

plötzliche
änderung
im
lebensprogramm
wenn
hereinbricht
was
nicht
vorhersehbar
war
lifesendung
wird
unvermittelt
kommödie
tragödie
oder
kommt
zum
abbruch
zum
sendeschluss
darüber
befindet
plötzlich
andere
regie

tagesringe

der
müdigkeit
nachtraum
geben
in
der
ruhe
die
lebenssaat
nachwachsen
lassen
wie
tagesringe
im
lebensstamm
am
morgen
dann
dem
schlaf
traumsatt
entschlafen
neu
beringt
für
tagoffenes
wagen

nachlässe

unmöglich
sich
rückstandsfrei
hinauszuschleichen
aus
dem
leben
weil
immer
spuren
zurückbleiben
restlos
ist
kein
leben
möglich
auch
wenn
man
selbst
keinerlei
reste
hinterlassen
möchte

kalorienfront

pommes
rot
weiß
in
xxl
regionen
der
chipsniederlagen
bmi
warnmeldungen
an
der
kalorienfront
nur
noch
rückzugsgefechte
und
orientierungssuche
nach
dem
tugendland
der
temperantia
der
ausgewogenheit
dem
idealgewicht

lebensmenue

reichhaltiges
lebensmenue
vielgängig
mit
zeitzutaten
garniert
erfahrungsgewürzt
abgestimmt
erlebte
schärfe
freude
bitterkeit
trauer
süßigkeit
fein
abgeschmeckt
mit
reifedressing
für
den
stillen
genuss
eines
runden
jahrzehnts

sprachschmerz

schon
die
sprache
schmerzt
wenn
geäußert
wird
dass
lachen
im
hals
stecken
bleibt
alles
zum
kotzen
ist
und
am
arsch
vorbei
geht
weil
leben
sich
so
sinnentleert
anfühlt

alb

die
vor
ihm
liegende
weite
verfeinert
seinen
blick
in
regenklarer
luft
fast
lupenhaft
vergrößert
kann
sich
deshalb
ein
ferner
gipfel
verlockend
als
ziel
anbieten

freitage

immer
wieder
freitags
black friday
freitag
der
dreizehnte
friday
for
future
freitagsgebete
karfreitag
ein
bevorzugter
wochentag
für
botschaften
riten
veranstaltungen
freitage
eher
unterschiedlichst
besetzt
als
frei

ohnmachtslitaneien

wenn
gebetsmühlenartig
wiederholt wird
dass
wir
mit
unserem latein
am ende sind
uns
die luft ausgeht
wir
mit dem rücken
zur wand stehen
alles
zu spät ist
nur noch beten
hilft
es
keinen zweck mehr
hat
lohnt
verstummen
damit
anwesende
hintergründige
hoffnungsmelodien
das
gehör
wieder
erreichen

takte

im
zeitschraubstock
terminkalender
überleben
das
gewinde
der
abläufe
dreht
sich
liefertermine
besprechungen
dienstreisen
abgabefristen
das
leben
eng
getaktet
sagt man dazu
taktlos
sein
klingt
da
plötzlich
einmal
ganz
neu

postevolutiv

wirksameres
gift
stärkere
muskeln
bessere
tarnung
höhere
geschwindigkeit
empfindsamere
sinne
größere
anzahl
alles
existenzargumente
im
evolutiven
durchsetzungskampf
ums
überleben
und
daher
vielleicht
pazifismusforderungen
nur
postevolutive
utopie

klingen

ich
blicke
auf
saiten
die
meine
finger
aufsuchen
meine
ohren
lauschen
den
erzupften
tönen
nach
und
sehen
tasten
hören
alles
in
mir
kommt
zum
klingen

heimkehr

dieser
wunsch
ich
hoffe
du
kommst gut heim
entspringt
keinem
pessimsmus
sondern
der
lebenserfahrung
dass
jeder
immer
nur
ohne garantie
auf
heimkehr
unterwegs
ist
wenn
er
aufbricht
zu
welchem
ziel
auch
immer

detail

man sagt
der
teufel
säße
im
detail
als
ob
man
befürchtet
dass
engel
dort
ihren
platz
geräumt
hätten
und
im
wissen
dass
das
ringen
um
gut
oder
böse
oft
im
kleinen
beginnt

unworte

unkraut
oder
heilkraut
das
kraut
selbst
bleibt
unberührt
von
solchen
etikettierungen
die
durch
bewertungsperspektiven
bestimmt
werden
so
kann
möglicherweise
dann
auch
ein
unkraut
zum
heilraut
werden

zeuger

zeugen
geschieht
eigentlich
immer
unter
vorbehalt
es
kann
neues
anbahnen
nicht
erzwingen
solcher
vorbehalt
scheint
manch
zwanghaften
überzeugern
jeder
couleur
völlig
aus
dem
blick
geraten
zu
sein

vorsicht

nicht
immer
liegt
alles
einfach
auf der hand
deshalb
nachfragen
vorsicht
durchatmen
zweifeln
behutsamkeit
denn
selbst
angebliche
abstiege
können
im
nachhinein
eine
vertiefung
bedeuten

denkwegdistanzen

für
denkwege
gibt
es
keine entfernungsangaben
keinen
navigator
wer
sich
auf den weg
macht
weiß zudem nicht
wann
er
sein ziel
erreicht
wohl
mit
ein grund
dafür
dass
manche
gar nicht erst
aufbrechen
oder
vorschnell
aufhören
und
sich
mit
vorurteilen
begnügen

austausch

bei
nicht
wenigen
scheint
gegenwärtig
die
cartesische
folgerung
cogito ergo sum
zunehmend
durch
die
devise
coito ergo sum
ausgetauscht
zu
werden
vielleicht
ja
auch
eine
variante
des
slogans
zurück zu natur

entlassung

eine
verbotene
stadt
als
selbstwidersprüchliches
besuchermagnet
eine
entlassung
ins
erlaubte
zugänglich
für
jeden
aller
entrücktheit
beraubt
nur
noch
architekturskelett
kunstkulisse
dennoch
immer
mit
spürbarem
schleier
ursprünglicher
erhabener
unzugänglichkeit
zart
ummantelt

konjunktive

was wäre
wenn
manchmal
der
mut
der fehlt
vorhanden
wäre
die hoffnung
dass
ein dagegen
erfolg
hätte
oder
auch
ein dafür
wenn
andere
zweifeln
was
wäre
dann
vielleicht
anders
am ist
an uns
an mir

weiterfließen

erlebtes
sammelt
sich
in
mir
wie
in
einem
gefäß
und
fließt
dann
zögernd
wortweise
weiter
in
einem
gedankenfluss
findet
langsam
strömend
manchmal
einen
besinnungsort

unzeitig

ungleichzeitig
oft
die welt
in meinem kopf
hinter
mir
herspürend
im
gewesenen
das so
doch noch
da ist
oder
im zukünftigen
vorgreifend
sinnend
ob
das
noch nicht
schon
einfluss
hätte
auf
mein
jetzt

selbstabschied

mit
dem
nahenden
ende
rechnend
hatte
er
souverän
alle
abzählbaren
abschiede
vorsichtig
getätigt
den
nachlass
halbwegs
geordnet
als
er
merkte
dass
er
den
abschied
von sich selbst
noch
überhaupt
nicht
bedacht
hatte

kräfte

es
kann
leicht
aus
dem
blick
geraten
dass
nicht
nur
hinter
mehr
und
empor
sondern
auch
weniger
und
hinab
immer
eine
kraft
am
wirken
ist

analogital

blaue
tinte
ein
kolbenfüller
als
buchstabenkomposition
fließt
der
analogbrief
aus
der
hand
auf
den
weißen
papierbogen
und
verblasst
digital
bei
der
nachfolgenden
e-mail
übertragung

schlafjäger

der
taghetze
entkommen
den
terminstau
abgeschüttelt
im
ausredenmarathon
endlich
entkommen
zum
feierabendhorizont
untergetaucht
im
flüchtlingsstrom
ruhewünschender
zum
stilleland
der
sucher
in
oft
enteilendem
schlaf
letzte
jagdszene
wer
wen
schließlich
erlegt

ungelebt

so
viele
gedanken
nicht
zu ende
gedacht
kontakte
nicht gewagt
zorn
heruntergeschluckt
worte
unausgesprochen
termine
abgesagt
unrecht
hingenommen
wünsche
verdrängt
anrufe
nicht
angenommen
unzufriedenheit
unterdrückt
mit
soviel
ungelebtem
leben
gelebt

aufrecht

manche
säugetiere
können
auf
zwei
beinen
gehen
nicht
allein
der
mensch
aber
aufrecht
durchs
leben
gehen
bedeutet
einiges
mehr

grenzgerangel

gelistete
alltagsforderungen
genug ist genug
keinen schritt mehr
es reicht
bis hierher und nicht weiter
einmal muss schluss sein
kein wort mehr jetzt
andererseits
auch
einer geht noch
drück mal ein auge zu
ausnahmen bestätigen die regel
lass fünf gerade sein
einmal ist keinmal
gib deinem herz mal einen stoß
alltägliches
grenzgerangel
um
vielbeschworene
humanität

später

das
machen
wir
später einmal
sagt sich
leicht
im zeitstrom
der sich
gefühlt
aber
nicht
gleich
bleibt
die
fließgeschwindigkeit
ist
später
zu stark
vielleicht
für
ein
eintauchen
darin
was
aber
heute
noch
möglich
gewesen
wäre

hörprobe

so
kann
sich
das
anhören
wenn
zuhören
gefordert
wird
wenn
du
jetzt
damit
nicht
aufhörst
wirst
du
bald
aufgehört
haben
alles
hat
ein
ende
auch
du

lärmen

hundebellen
gegröhle
türenschlagen
reifenquietschen
als
lärmangriffe
in
der
nachtkulisse
tagsüber
vielfach
lautsprecherbeschallt
behupt
beschwätzt
bedröhnt
ständige
tonverschmutzung
im
geräuschalltag
aber
unausrottbar
die
ruhesehnsucht

sprachglück

das
baby
heißt
es
im deutschen
ein
sprachglück
das
für
mögliche
grabenkämpfe
der
genderaktivst/innen
bei
einer
der/die
säuglingsdebatte
vielleicht
eine
lösung
anbietet

verlebt

soviel
ungewünschtes
verleben
begegnet
als
verlaufen
verschlucken
verraten
verzweifeln
verstricken
verzocken
verlieren
mehrdeutig
als
versprechen
und
erwünscht
als
verstehen
vertrauen
versorgen
vergeben
verstärken
versöhnen
verschönern
auch
verleben
zeigt
zwei
seiten

erkenntniswehen

angstbesetzt
kann
erkennen
sein
weil
erneuerung
fremde
horizonte
eröffnet
mitunter
bekannte
ufer
zurücklässt
gewohntes
aufbricht
vertrautes
sogar
zerstören
kann
denn
auch
denkgeburten
kennen
wehen
und
schrei

fakedenken

selbst
millionenfach
geliked
zeigen
nicht
alle
tweeds
was
einer
denkt
weil
zuvor
gar
nicht
gedacht
wurde
und
so
unbedachter
kopfausfluss
nur
verzichtbares
fakedenken
verbreitet

rückblicksendung

eine
rückblicksendung
stellt
ihm
vor
augen
wie
zeitfern
er
seinerzeit
in
seiner
gegenwart
lebte
ungleichzeitig
anwesend
vielfach
damals
sicher
nicht
auf
der
höhe
seiner
zeit

versuchung

wer
eigentlich
versucht
wen
beim
versuchen
bedeutet
unversucht
bleiben
etwa
der
war
es
nicht wert
oder
glück gehabt
oder
er
hat
da
etwas versäumt
ja
versuchung
kann
sehr
ambivalent
sein

überfordert

obwohl
bereits
das
sprachbild
vor
augen
stellt
dass
überforderung
angesagt
ist
wird
trotzdem
immer
wieder
gefordert
du
musst
dich
in
der
hand
haben

zurückerwartet

es
gibt
kein
zurück
heißt
es
manchmal
dabei
ist
nichts
leichter
als
das
wenn
etwas
so
einladend
auf
rückkehr
wartet
wie
eigene
fehler

wortmalerei

was
die
seele
bewegt
unfassbar
meist
wortfern
und
doch
sprachfordernd
nur
mühsam
übersetzbar
ins
fassbare
behilft
sich
oft
mit
begriffsversuchen
und
wagt
wortmalerei

geschädigte

nur
wer
letztlich
einigermaßen
unbeschadet
bleibt
kann
überhaupt
aus
schaden
klug
werden
daher
werden
alle
oft
euphemistisch
verschleierten
menschlichen
kollateralschäden
wohl
immer
die
dummen
bleiben

blickbedürfnis

völlig
unabhängig
von
keinwüchsigkeit
oder
gardemaß
scheint
verbreitet
ein
tiefverwurzeltes
bedürfnis
zu
bestehen
wenigstens
einen
menschen
zu
haben
auf
den
man
herabblicken
kann

medienangeln

manche
schlagzeilenpraxis
zeugt
davon
dass
auch
für
mediales
angeln
gilt
dass
ein
köder
nicht
dem
angler
sondern
nur
dem
fisch
schmecken
muss

vergehensgenuss

kerzenlicht
das
beim scheinen
zugleich
sich selbst
verbrennt
fruchteis
das erst
auf der zunge
schmelzend
geschmack
freisetzt
feuerwerk
das
nur
verglühend
den
nachthimmel
verzaubert
es
gibt
viele
lebensgenüsse
die
allein
im vergehen
beglückend
erfahrbar
werden

geheimniskrämer

ob
darum
alle
wissen
die
sich
zeitlebens
vergeblich
abmühen
am
entschlüsseln
des
eigenen
menschgeheimnisses
dass
kein
geheimnis
sondern
nur
ein
rätsel
prinzipiell
lösbar
ist

denkereien

er
las
dass
descartes
zu
dem
schluss
kam
ich
denke
also
bin
ich
und
folgerte
für
sich
also
denke
ich

zeitgenuss

oft
hat
er
zeit
für sich
genossen
oft
war
ihm
jede
versäumte
zeit
mit ihr
verlust
ein
ständiges
zeitpendeln
mit
offenem
ausschlag
am
ende

gedenkt

ich
du
er
sie
besitzanzeigende
fürwörter
nennen
wir
sie
und
formulieren
ganz
selbstverständlich
ich
denke
du
denkst
denken als besitz
und
dennoch
ist
da
manchmal
das
besitzentziehende
gefühl
es
denkt
in
mir

verlockung

im
glas
tanzender
sektperlenwirbel
spiegelnd
duftblumig
festlich
die
sinne
lockend
zu
genussvollem
aufbruch
aus
alltäglichem
aufbrechen
in
verperlendes
feierland

endfragen

dass
nur
die
wurst
zwei enden
hat
singen
spötter
gegen
das
eine
ende an
andere
denken
an
wiedergeburt
lebenskreislauf
seelenwanderung
auferstehung
vielleicht
endet
enden
ja
wirklich
überraschend
anders

verlustsuche

jede
sucht
ist
wohl
immer
auch
eine
weise
der
suche
nach
fülle
sinn
glück
doch
wer
mit
sucht
sucht
der
findet
wohl
nur
leere
und
verlust

hörensagen

er
hatte
davon
gehört
dass
vertrauen
trägt
glaube
berge
versetzen kann
die
hoffnung
zuletzt stirbt
er hatte
davon gehört
dass
irren
menschlich ist
aber
nur
das
hatte
er
auch
erfahren

werten

ruhig
öfter
einmal
aus
der
hand
legen
das
allgegenwärtige
wertemaß
verzichten
auf
eingeübte
messblicke
neu
entdecken
wervolles
um
sich
bevor
man
schablonenhaft
anmaßend
werte
zumisst
und
so
angemessener
werden

aufrichtung

dieser
lange
mühsame
weg
zurück
aus
der
unfallgebrechlichkeit
zum
alltag
die
zaghaften
aufrichtungen
mühsamen
stützversuche
erste
tastende
wiederauftritte
zum
aufrechten
gang
welche
neuerfahrung
auf
der
rückkehr
zum
homo erectus

abschiedsfeuer

messeabschied
mit
regenfeuerwerk
ein
farbenzauber
wassertropfenummantelt
für
die
augen
eine
himmelfüllende
feuerbestattung
perlend
lichtleicht
mit
donnerbegleitung

wettstreitfrage

warum
nur
schwindet
bei
misserfolgen
oft
erstaunlich
schnell
die
erinnerung
an
gelungenes
und
angst
gewinnt
vorrang
vor
hoffnung
auch
wenn
der
ausgang
oft
noch
aussteht

leerstand

selbst
zahlreiche
kontakte
konnten
die
liebeslücke
nicht
schließen
die
nur
ein
mensch
hätte
ausfüllen
können
der
preis
für
ein
ja
das
nie
völlig
schmerzfrei
zu
haben
ist

preiswert

umfangreiche
aufzählung
von
siegen und erfolgen
dafür
auszeichnung
preisverleihung
begleitet
von
langanhaltendem
beifall
blitzlichtgewitter
und
unbemerkt
tragend
anwesend
eine
stille
wertverleihung
die
ohne
äußerliche verdienste
alle
anwesenden
immer
schon
auszeichnet
mit
unverlierbarer
würde

anpfiff

warte
nicht
auf
eine
nachtigall
wenn
sich
der
nachthorizont
morgendlich
verfärbt
spitze
vielmehr
schnabelhaft
selbst
deine
lippen
zum
fröhlichen
anpfiff
des
neuen
lebensspieltages

abschiedsvorbereitung

wir
hatten
uns
schon
so
häufig
voneinander
verabschiedet
in
diesem
leben
aber
für
die
unerwartete
nachricht
vom
plötzlich
endgültigen
abschied
war
das
dennoch
keine
ausreichende
vorbereitung

lebenszyklen

wohl
mehr
als
nur
vier
lebensjahreszeiten
sind
zu
überstehen
in
den
entwicklungsentwürfen
mit
denen
sich
leben
oft
vorantastet
da
wäre
ein
gleichbleibender
zyklus
manchmal
orientierungshilfe

sinnfragen

wenn
niemand
die lieder
hört
die
er
singt
seine texte
keiner
liest
oder
seine bilder
betrachtet
stellt
sich die frage
ob denn wirklich
singen
erst
durch
das hören anderer
malen
durch
fremdes betrachten
oder
schreiben
nur
durch leser
einen sinn
erhält

tränenlos

ausgedörrt
ohne
sinnnahrung
zu
finden
behaust
in
einer
gefühlswüstenei
nur
noch
genährt
vom
grundwasser
der
erinnerung
an
entronnene
zeiten
so
wird
der
anstehende
abschied
von
allem
tränenlos
bleiben

vorkommen

er
kommt
nicht vor
in
sozialen medien
besitzt
keine
pay-back-karten
hat sich
nirgendwo
registriert
sein
vorkommen
bleibt
privat
und
sein
nicht mehr vorkommen
wird
außer
im
persönlichen kreis
unbemerkt
bleiben
von
digitalen
communities

wellenträume

wenn
er mit ihr
in
die wellenberge
schaut
gischt und brandung
den fels
auf dem
sie
schaudernd sitzen
leise
erbeben lassen
ahnt er
etwas
von der gewalt
die
ihre liebe
gezeugt hat
und träumt
dass sich das land
das sie
im glück bewohnen
alltäglich
bewohnbarer formt
bis
zur
großen welle
die
niemand
auslässt

unentwöhnt

wenn
sich
bei
manchen
nach
der
stillzeit
und
entwöhnung
nahtlos
eine
verwöhnung
anschließt
bildet
sich
eine
neue
nabelschnur
die
nicht
immer
so
leicht
zu
durchtrennen
ist
wie
die
erste

lichtzeiten

lichtzeiten
kündigen sich an
behutsam
auch
wenn
das land
noch
im dunkel
liegt
ist
doch
alles
schon
ausgerichtet
auf
das kommende
das
knospenhaft
aufbricht
und
lebenskonturen
neu
erkennen
lässt

saatsegen

säen
ins ungewisse
der
erde
vertrauen
und
der
lebenskraft
der
saat
dann
warten
dass
wachsen
erfolgt
unter
einem
erhofften
segen
der
allem
gilt

überarbeitungen

schöne
virtuelle
computerwelt
zahlreiche
fehlerkorrekturprogramme
bearbeitungsmöglichkeiten
befehle
können
rückgängig gemacht
äußerungen gelöscht
werden
wie
ganz
anders
die
analoge
realität
in
verlässlicher
und
verbindlicher
endgültigkeit
da
ist
kein
gelebter
lebensschritt
mehr
retuschierbar

heimatsuche

wie
vagabundierend
ist
er
ständig
unterwegs
kennt sich aus
entdeckt
auch
viele schönes
ohne
aber
in all dem
beheimatet
zu
sein
wirklich zu hause
wäre
er
erst bei ihr
aber
ob
sie
das
spürt

brauchnutzung

der
terminkalender
randvoll
das
ständig
läutende
telefon
manchmal
abgestellt
kaum
zeit
zum durchatmen
wenige
fluchtpunkte
in
zeitliche
freiräume
seltene
dienstfreie
erholungsinseln
und
trotzdem
manchmal
der zweifel
wird
er
wirklich
gebraucht
oder
nur
benutzt

schattiges

wohtuend
solche
kühlend
behütenden
schattenplätze
nicht
nur
vor
sonnenhitze
auch
vor
lebensgluten
die
sich
manchmal
nur
in
kühlzonen
aushalten
lassen
und
erlösende
lebensschattenspender
benötigen
die
sich
dafür
hoffentlich
finden
lassen

blickgewitter

gut
wer
mit
selbstbewusstsein
beschirmt
unterwegs
ist
und
so
nicht
betroffen
wird
vom
allgegenwärtigen
blickgewitter
fremder
augenpaare
die
oft
ausschließlich
prüfend
abschätzend
wertend
mängelsuchend
auf
beurteilungsjagt
sind

hoffnungen

ob
sie
sich
jemals
erfüllen
diese
hoffnungen
auf
ständigen fortschritt
bessere lebensverhältnisse
erfolgreichere krankheitsbekämpfung
längeres leben
friedlichere zeiten
gerechtere zustände
gesünderes klima
hoffnungen
sterben
zuletzt
sagt
man
aber
sie
sterben
erfüllt
oder
unerfüllt

trockenfließen

fast
nur noch steine
im
bachbett
er
kann
leicht
trockenen fußes
die
ufer
wechseln
aber
untergründiges fließen
dauert weiter an
und
er weiß
es
wird
sich
wieder durchsetzen
so
leicht
lässt
sich
lebensfließen
auch
hier
nicht
unterdrücken

platzierungen

viele
lebensplatzierungen
teilt
er sich
mit anderen
in
terminkalendern
datenbanken
behördenlisten
telefonverzeichnissen
auch
in
gedanken
erinnerungen
briefen
phantasien
ängsten
träumen
fotografien
hoffungen
aber
bedeutsam
sind ihm
vor
allem
lebensplätze
die
ihm allein
vorbehalten
sind

beschattet

voreilig
wohl
die
verbreitete
abwertung
derer
die
im schatten
stehen
gegenüber
den
im licht
posierenden
denn
in
einer
vielseitig
bedrohlich
bestrahlten
lebenswüste
sind
die
schattigen
bereiche
auf
dauer
meist
durchaus
beständiger
und
lebensfreundlicher

fehlsuche

es
ist
bedrückend
zu
suchen
wenn
man
nicht genau weiß
was
man
vermisst
allein
eine
von
beklemmender
leere
bewegte
kompassnadel
als
orientierungshilfe
hat
und
das
nagende
gefühl
dass
etwas
im
leben
fehlt

möglichkeitenwald

spazieren
gehen
im wald
der
zunehmenden
digitalen möglichkeiten
wie
im
heimaltlichen forst
sich
nicht
verirren
an
den
zahlreichen wegvernetzungen
und
die
richtung
zum
gewählten
ziel
unbeirrt
beibehalten
ist
im
digitaldschungel
schwierig
und
will
gelernt
sein

navigiert

in
der wüste
mag
es
vielleicht
manchmal
sinnvoll
sein
dem kamel
das
finden des wasserlochs
zu
überlassen
wie
einem
navigator
und
auf
die frage
wohin gehst du
dann
vielleicht
bescheiden
zu
antworten
frage
nicht mich
sondern
das kamel

taggrenze

solange
seine
gedanken
noch
überlaufen
an
der
taggrenze
zur
nacht
kehrt
keine
ruhe
ein
in
ihm
und
seine
andauernde
lebensströmung
fordert
zusätzliche
und
andere
uhrenfremde
zeitabflüsse

volkszorn

nach
dem
erneuten verbrechen
brodelte
die
stadt
wie
ein
überhitztes gericht
lynchstimmung
traf
auf
trauer
und
pauschale wutblasen
kaum
vermischt
mit
beschwichtigenden vernunftargumenten
strömte
unkanalisiert
durch
gespräche
nachrichten
kommentare
überall
schmutzige zornpfützen
bildend
ohne
abfluss

zeitsprung

erstaunlich
dieses
wiedersehen
nach jahren
fremheitsfrei
der
kontakt
wie
in
einem
zeitsprung
eine
vertraute
begegnung
im
gespräch
keine
zeitlücke
spürbar
als
ob
ein
einst
sich
überraschend
als
gestern
im
heute
entfalten
würde

fremdheimat

nationen
werden
im
ranking
zu
reiseweltmeistern
so
viele
menschen
folgen
ihrem
drang
in
die
fremde
vielleicht
auch
mit
einem
unbestimmten
ahnen
wie
sehr
sie
in
eigener
fremdheit
beheimatet
sind

verkettungen

häufiger
ist
leben
kettenbegleitet
fahrradketten
schmuckketten
ankerketten
sicherungsketten
sind
wohl
gelitten
doch
nicht
jede
verkettung
ist
erwünscht
wenn
ihr
öffnungsmöglichkeit
fehlt
was
daher
menschenketten
so
sympathisch
macht

gewebe

menschliches
beziehungsgewebe
wird
grobmaschiger
wenn
gemeinsame
gespräche
begegnungen
erlebnisse
abnehmen
kleinigkeiten
und
feinheiten
werden
nicht mehr aufgefangen
vom
vergröberten
kontaktstoff
der
rauher
wird
und
durchlässiger
für
kälte

bedeutsamkeiten

nicht
immer
steht
bei
bewertungen
der
inhalt
des gesagten
im
vordergrund
sondern
das
ansehen
der sprechenden person
andererseits
gilt
auch
dass
eine
aussage
ihren
absender
an
bedeutung
wachsen
oder
schrumpfen
lassen
kann

gebetfrage

nicht
das
scheint
die
auschlaggebende
frage
zu
sein
ob
beten
hilft
sondern
ob
existierendes
allein
in
materieller
zufälligkeit
begründet
ist
oder
auf
einen
anderen
sogar
ansprechbaren
ursprung
hinweist

überlassungen

die
zeiten
der kopfrechner
sind
vorbei
denkaufgaben
erledigen
digitale alltagsbegleiter
nicht mehr
gedächnisgespeichert
sind
adressen
telefonnummern
geburtstage
digitalisiert sind
wegsuche
einkäufe
fristeneinhaltung
das handy
denkt an den geburtstag
der navi
findet den weg
elektrifizierte eigenständigkeit
auf akkubasis
man
überlässt
sich
und
verlässt
sich
zugleich

aus

austoben
auskennen
ausweichen
ausfallen
ausufern
aussteigen
ausrufen
ausgleiten
ausgraben
und
schließlich
aushauchen
soviel
aus
als
lebensbegleitung
bis
zum
finalen
aus

zugeknopft

die
ohren
verknopft
auf
der straße
dem rad
im parkt
beim einkauf
nur
noch
konzentriert
auf
eigene klangwelten
den
umgebenden
lebensklängen
entzogen
ständig
zugeknopft
unterwegs

betroffenheitsfragen

schauen sie
noch vorbei
habe ich
noch einmal glück
wird es
diesmal gelingen
kommen wir
noch einmal davon
erhält er
eine weitere chance
so
häufig
diese unsicherheit
was
eintrifft
und
zugleich
die gewissheit
davon
betroffen
zu
werden

auferstehungsbrief

der vergilbte
brief
ein sprachdenkmal
mit
in die zeit
gemeißelten gedanken
seine
bekenntnisse
vorwürfe
fragen
versprechen
wünsche
nehmen beim lesen
neue wortgestalt
an
lassen
den
längst verstorbenen
im
herzen
wieder
auferstehen

tastversuche

was
sich
in
der
seele
wortfern
und
sprachfremd
bewegt
ist
unfassbar
und
oft
mühsam
nur
übertragbar
in
greifbares
durch
behutsam
buchstabierende
tastversuche
im
unbegriffenen
und
begrifflosen

frosttrotz

staunen
über
blüten
die
der frostnacht
getrotzt
haben
und
weiter
anleuchten
gegen die kälte
sich
ermutigen lassen
auch
selbst
anzublühen
gegen
andere
kühlzonen
und
verdunkelungen
die
leben
durchfrosten
können

klangbrücken

manche
lieder und melodien
sind
mit
erinnerungen
an
ereignisse
verbunden
die
beim
anklingen
sofort
wieder lebendig
werden
und
können
so
brücken
schlagen
zu
längst
vergangenen
lebensräumen

Über den Autor

Jg. 1949, Studium der Philosophie und Theologie in Mainz und Münster in Westfalen. Von 1974 bis 2010 Unterricht an unterschiedlichen Schulen in der Sekundarstufe I und II in den Fächern Religion, Ethik und Philosophie. Langjährige Tätigkeit in Lehrer- und Erwachsenenfortbildung. Seit der Pensionierung im Jahr 2014 als freier Schriftsteller tätig.

Zeitfracht Medien GmbH
Ferdinand-Jühlke-Straße 7
99095 Erfurt, Deutschland
produktsicherheit@kolibri360.de